Demet Kocakurt

Web-Content-Management-Systeme im Wandel der Zeit

Bewertung von Open-Source-Anwendungen für kleine und mittelständische Unternehmen

GRIN - Verlag für akademische Texte

Der GRIN Verlag mit Sitz in München hat sich seit der Gründung im Jahr 1998 auf die Veröffentlichung akademischer Texte spezialisiert.

Die Verlagswebseite www.grin.com ist für Studenten, Hochschullehrer und andere Akademiker die ideale Plattform, ihre Fachtexte, Studienarbeiten, Abschlussarbeiten oder Dissertationen einem breiten Publikum zu präsentieren.

Dokument Nr. V151277 aus dem GRIN Verlagsprogramm

Demet Kocakurt

Web-Content-Management-Systeme im Wandel der Zeit

Bewertung von Open-Source-Anwendungen für kleine und mittelständische Unternehmen

GRIN Verlag

Bibliografische Information der Deutschen Nationalbibliothek: Die Deutsche Bibliothek
verzeichnet diese Publikation in der Deutschen Nationalbibliografie; detaillierte bibliografische Daten sind im Internet über http://dnb.d-nb.de/ abrufbar.

1. Auflage 2010
Copyright © 2010 GRIN Verlag
http://www.grin.com/
Druck und Bindung: Books on Demand GmbH, Norderstedt Germany
ISBN 978-3-640-63007-3

**Fachhochschule
für Oekonomie & Management**
University of Applied Sciences

Berufsbegleitender Studiengang zum

Diplom-Wirtschaftsinformatiker/-in (FH)

Seminararbeit im Schwerpunktfach Betriebsinformatik III

Web-Content-Management-Systeme
im Wandel der Zeit
–
Bewertung von Open-Source-Anwendungen für
kleine und mittelständische Unternehmen

Inhaltsverzeichnis

Abbildungsverzeichnis

Tabellenverzeichnis

Abkürzungsverzeichnis

ACLs	Access Control Lists
CMS	Content-Management-System
DMS	Dokumenten-Management-System
FAQ	Frequently Asked Questions
FTP	File Transfer Protocol
HTML	Hypertext Markup Language
IT	Informationstechnik
MS	Microsoft
ODBC	Open Database Connectivity
PHP	Hypertext Preporcessor
PostgreSQL	Postgre Structured Query Language
RSS	Really Simple Syndication
SQL	Structured Query Language
WCMS	Web-Content-Management-Systeme
WebDAV	Web-based Distributed Authoring and Versioning
WYSIWYG	What You See Is What You Get
XML	Extensible Markup Language

1 Einleitung

1.1 Problemstellung

In der heutigen Zeit ist ein professioneller Webauftritt eines jeden Unternehmens bereits zu einem Standard geworden. Kleine und mittelständische Unternehmen können sich oftmals von ihrer Konkurrenz kaum noch differenzieren. WCMS (Web-Content-Management-Systeme) bieten die Möglichkeit, das Unternehmen sowohl nach außen wie auch nach innen besser zu präsentieren.

Die Auswahl des geeigneten WCMS ist für jedes Unternehmen schwierig und verursacht Unsicherheiten während des Auswahlprozesses. Denn allein in Deutschland stehen den Anwendern einige Hundert WCMS zur Verfügung. Für Unternehmen, die sich für ein Open-Source-WCMS entscheiden, ist es wichtig, ein System auszuwählen, das auch in Zukunft den Anforderungen des Unternehmens genügt sowie weiterentwickelt wird.

1.2 Zielsetzung

Ziel dieser Arbeit ist es, dem Leser ein grundlegendes Verständnis der WCMS zu verschaffen und einige Möglichkeiten zur Auswahl aufzuzeigen. Des Weiteren soll dem Leser die Wichtigkeit der Anwendung von geeigneten Analyseinstrumenten für die Auswahl von Anwendungssystemen kenntlich gemacht werden, denn unabhängig von der Art und Größe des Unternehmens ist es notwendig, die Anforderungen an ein WCMS zu identifizieren und dementsprechend ein geeignetes auszuwählen.

1.3 Vorgehensweise

Die nachfolgenden beiden Kapitel dieser Arbeit bieten einen komprimierten Überblick über die Grundlagen von WCMS. Sie beinhalten Definitionsansätze der Begriffe Content, Content Management sowie WCMS. Des Weiteren werden der geschichtliche Hintergrund sowie die Aufgaben und Ziele eines Content-Management-Systems und WCMS erläutert. Anschließend werden zwei Open-Source-WCMS vorgestellt und diese mittels einer Nutzwertanalyse verglichen. Auf die betrieblichen Erfordernisse sowie die Entscheidungsgrundlagen wird ebenfalls eingegangen.

2 Einführung in Content Management

2.1 Was ist Content?

Um den Begriff Content Management definieren zu können, muss zuvor geklärt werden, was sich hinter dem Begriff Content verbirgt. Content kommt aus dem Englischen und bedeutet übersetzt Inhalt. Dies ist jedoch eine ungenaue Beschreibung, weil sich hinter Content nicht nur eine Substanz wie Text, Audio und Video verbirgt, sondern auch alle beschreibenden Metadaten wie Autor, Titel sowie Inhaltsbeschreibungen. Der Begriff Content wurde zwar eingedeutscht und wird häufig verwendet, jedoch existiert bislang keine allgemeingültige Übersetzung im Sinne eines gleichwertigen deutschen Wortes. In der Literatur wird der Begriff Content unterschiedlich definiert. Am häufigsten wird darunter jedoch jede Art von Inhalt in digitaler Form verstanden, der einen Mehrwert im ökonomischen Sinne generieren kann.[1] Die nachfolgende Tabelle beinhaltet einige ausgewählte Definitionen.

Autor	Definition
Gersdorf	Unter Content wird der „Inhalt verstanden, der in digitalisierter Form modular vorliegt und einem Rezipienten auf einem (beliebigen) Informationsträger präsentiert wird".[2]
Koop / Jäckel / Van Offern	„Als Content können wir Informationen als Objekte oder Austauschgegenstände verstehen. Liegt eine Information also in einer Form vor, in der ich sie an andere weitergeben kann, sprechen wir von Content."[3]
Maass / Stahl	„Content kann in technischem Sinne auch als Unterklasse des Begriffs Information definiert werden. Dabei bezeichnet Content eine Kollektion digital gespeicherter Nachrichten, welche aus Symbolen, Worten, Bildern und Bildfolgen zusammengesetzt sind, die von Nutzern verstanden und verwendet werden können. Content kann durch digitale Medien erzeugt, transportiert, multipliziert, modifiziert und gelöscht werden."[4]

Tabelle 1: Definitionen zu Content

---

[1] Vgl. Nix, M. et al. (2005), S. 25 f.
[2] Gersdorf, R. (2002), S. 75.
[3] Koop, J. et al. (2001), S. 14.
[4] Maass, W. et al. (2003), S. 361.

Wie bereits erwähnt, gibt es verschiedene Arten von Content. Diese können in die zwei Kategorien diskrete Medien und kontinuierliche Medien unterschieden werden. Unter diskreten Medien werden die Informationen verstanden, die sich im Zeitverlauf nicht ändern, hauptsächlich Texte und Bilder. Kontinuierliche Medien hingegen haben eine zeitliche Dimension. Hierzu gehören beispielsweise Töne, Filme und Animationen.[5] Eine weitere Möglichkeit, die Arten von Content zu definieren, ist die Unterscheidung in strukturierten, schwach strukturierten und unstrukturierten Content. Strukturierter Content bezeichnet alle Inhalte, die in einem Datensatz gespeichert sind. Schwach strukturierter Content beinhaltet zum Teil Layout- und Metadaten, die jedoch nicht standardisiert sind, beispielsweise Textverarbeitungsdateien. Unstrukturierter Content hingegen nimmt keine Trennung von Layout, Inhalt und Metadaten vor und ist nicht direkt zu erschließen. Hierzu zählen unter anderen Bilddaten, Audiodaten und Videodaten.[6]

2.2 Was ist Content Management?

Content Management hat sich in den vergangenen Jahren zu einem Modebegriff entwickelt, der vor allem als technologischer Oberbegriff zur Verwaltung von Webinhalten angewandt wird. Mittels Content Management werden den Organisationen neue Möglichkeiten, wie die Fähigkeit zur Kommunikation und Zusammenarbeit, eröffnet. Dies hat direkten Einfluss auf die Fähigkeit, Produkte zu entwickeln und Projekte durchzuführen sowie auf die grundsätzliche Zusammenarbeit in der Organisation. Während das Content Management die organisatorische und kommunikative Seite abbildet, stellt das CMS (Content-Management-System) die technische Plattform dar.[7]

Autor	Definition
Maass / Stahl	„Content Management umfasst alle Kommunikationssituationen einer Organisation, welche die Explikation, die Archivierung, die Publikation, die Distribution, die Modifikation, die Verwaltung und die Nutzung dokumentierter Inhalte jedweder Formate auf der Basis digitaler Medien unterstützt."[8]

---

[5] Vgl. Friedrich, J. (2006), S. 1 ff.
[6] Vgl. Bächle, M. et al. (2007), S. 32 f.
[7] Vgl. Maass, W. et al. (2003), S. 37.
[8] Maass, W. et al. (2003), S. 41.

Bächle / Kolb	„Ein Contentmanagementsystem (CMS) ist ein betriebliches Informationssystem, das die gemeinschaftliche Erstellung und Bearbeitung von sog. Content ermöglicht und organisiert."[9]

Tabelle 2: Definitionen zu Content Management

Content Management kennzeichnet alle Prozesse der systematischen und strukturierten Verwaltung von Informationen in Form von elektronischen Inhalten. Um eine Verwendungs- und Medienneutralität zu erreichen und eine automatisierte Zerlegung sowie Wiederverwendung zu ermöglichen, werden Contents inhaltlich nach den Regeln des strukturorientierten Dokumenten-Managements strukturiert. Dabei findet eine Trennung zwischen Inhalt, Layout und Struktur statt. Die Herausforderung besteht für ein Content Management in der Verwaltung des gesamten digitalen Inventars eines Unternehmens.[10] Unter Content Management sind somit die systematische und strukturierte Erzeugung, Verwaltung, Zur-verfügungstellung und Schaffung von Nutzungs- und Verarbeitungsmöglichkeiten von elektronischem Inhalt zu verstehen.[11] Ferner kann Content Management als die Verwaltung von Informationen, speziell die computergestützte Verwaltung elektronisch erfasster Inhalte, verstanden werden. Dies betrifft jegliche Art von Information, die in einem Computer gespeichert werden kann.[12]

2.3 Geschichtlicher Hintergrund

1994 begann mit der Interneteuphorie der Aufbau von Webseiten, die zu Imagezwecken genutzt werden. Den Unternehmen wurde jedoch schon sehr früh klar, dass sich der Inhalt eines Webservers ohne Hilfsmittel kaum oder gar nicht verwalten lässt. Da es nur wenige Experten gab, konnten die Unmengen von Informationen nicht innerhalb kurzer Zeit in das System übertragen, bearbeitet, archiviert oder gelöscht werden. Diesen Bedarf erkannten die Softwarehersteller und begannen, erste Softwaresysteme für das Managen von Inhalten für das Internet zu entwickeln.[13]

Aufgrund der Anforderungen zur Verwaltung und Nutzung von immer weiter steigenden Informationsmengen, über die ein Unternehmen verfügt, entstand das

---

[9] Bächle, M., Kolb, A. (2007), S. 82.
[10] Vgl. Gersdorf, R. (2003), S. 64; Nix, M. et al. (2005), S. 25 f.
[11] Vgl. Maass, W. (2003), S. 41.
[12] Vgl. Lotze, T. et al. (2005), S. 1.
[13] Vgl. Bullinger, H. (2001), S. 5.

Content Management. Infolge der Digitalisierung von Daten und Informationen stehen diese dem Unternehmen dauerhaft zur Verfügung. Um diese Informationen gewinnbringend einzusetzen, wurden technikgetriebene Methoden entwickelt.[14]

2.4 Aufgaben und Ziele eines Content Managements

Die Aufgabe eines Content Managements besteht aus Sicht der Wirtschafts-informatik in der Identifikation, der Selektion, der Aufbereitung, der zielgruppenori-entierten Bereitstellung sowie der Verarbeitung von entscheidungsrelevanten Informationen. Um dies erfolgreich umzusetzen, wird die Informationsinfrastruktur der Organisation im Rahmen eines Informationsmanagements gestaltet und betrieben. Im Wesentlichen wird die Informationsarbeit durch das Informations-management unterstützt, das über Wissen verfügt, welches mittels der Prozesse zur Informationserarbeitung, -aufbereitung, -verarbeitung, -verwaltung und Wissensrekonstruktion geschaffen wird. Das Content Management ist im Wesentlichen die Weiterführung der Intentionen des Dokumenten-Managements. Dies wird dadurch gekennzeichnet, dass die in elektronischer Form vorhandenen Informationen beliebigen Formats verwaltet, mit Mehrwerteigenschaften versehen und bereitgestellt werden. Im Gegensatz zum Dokumenten-Management wird innerhalb des Lebenszyklus einer schwach oder unstrukturierten Information dieser auf die Ebene einzelner verwertbarer Informationen heruntergebrochen. Somit entsteht eine Vielzahl von Informationen, die im XML-Format ausgezeichnet werden. Alle Tätigkeiten zur strukturierten und systematischen Verwaltung von gering sowie unstrukturierten Informationen gehören zu den Aufgaben eines Content Managements. Die wesentliche Aufgabe während des gesamten Lebenszyklus eines Content ist die Planung der benötigten Contents, die entweder extern beschafft oder intern erstellt werden müssen. Dieser Content muss im nächsten Schritt verwaltet und für die Zielpersonen bereitgestellt werden. Bearbeitung, Aktualisierung und Pflege sind weitere Aufgaben. Bei nicht mehr benötigtem Content sollte dieser im letzten Schritt vernichtet werden. Das Ziel ist die Erschaffung eines zuverlässigen Zugriffs auf konsistente und aktuelle Informationen, die für die Interessengruppen auf eine einfache Weise zugänglich sind.[15]

---

[14] Vgl. Maass, W. (2003), S. 37.
[15] Vgl. Gersdorf, R. (2003), S. 61-65.

3 Web-Content-Management-Systeme

3.1 Begriffserklärung

Bevor in diesem Kapitel der Begriff WCMS erklärt werden kann, muss zuvor verdeutlicht werden, was sich unter CMS verbirgt. Ein CMS, gebräuchlich auch als Redaktionssystem zu bezeichnen, stellt einem Unternehmen digitale Dienste zur Verfügung, die die Kommunikation innerhalb und außerhalb der Organisation unterstützen sollen. Des Weiteren verfügt ein CMS über die Möglichkeiten, organisatorische Zusammenhänge durch Rollen und Rechte auszudrücken.[16] Die Erstellung von Contents, die in einem Content-Management-System erfasst werden, oder die Einbindung von externen Inhalten stellt eine wesentliche Funktion eines CMS dar. Der Content wird oftmals von Fachabteilungen, externen Autoren und Agenturen erstellt und muss vor der Veröffentlichung auf Richtigkeit überprüft werden. Bei einem fehlerhaften Content muss dem Redakteur die Möglichkeit gegeben werden, diesen an den Autor zurückzuverweisen. Die Syndizierung ist eine weitere Funktion eines CMS, die es dem Content Manager ermöglicht, einzelne Inhalte zielgerecht freizugeben. Das CMS muss somit die Verteilung der Inhalte an die Partner technisch abwickeln können. Die Publizierung von Inhalten, die nur für eine bestimmte Gruppe von Personen gedacht sind und innerhalb eines befristeten Zeitraumes veröffentlicht werden sollen, stellt eine weitere Funktionalität dar.[17]

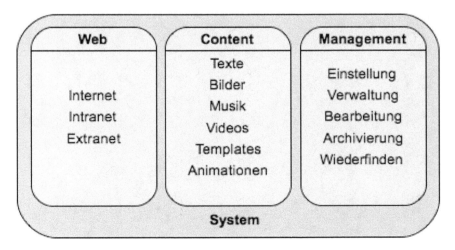

Abbildung 1: Begriffsdefinition WCMS[18]

---

[16] Vgl. Maass, W. et al. (2003), S. 37.
[17] Vgl. Friedrich, H. J. (2006), S. 6 f.
[18] In Anlehnung an: Gentsch, P. (2002), S. 274.

Ein WCMS trennt in erster Linie den Inhalt von der Programmierung. Somit findet eine Trennung des Layouts, der Inhalte und der Funktionen einer Webseite statt. Mittels WCMS werden für die Pflege, Erstellung und Veröffentlichung umfangreicher und komplexer Webseiten, sei es im Intranet, Internet oder Extranet, eine Vielzahl von Funktionalitäten zur Verfügung gestellt. Diese reichen von der Unterstützung der Workflowprozesse bis hin zur Personalisierung von Inhalten. WCMS ermöglichen die Verwaltung von zeitabhängigen Inhalten. Hierbei stellt das Assetmanagement, das ein wesentlicher Bestandteil eines CMS ist und worin alle verwendeten Bestandteile einer Webseite in einer Datenbank gespeichert und verwaltet werden, einen großen Vorteil gegenüber dem klassischen Webpublishing dar. Somit ist es möglich, diese Bestandteile mehrfach zu verwenden und eine Versionsverwaltung zu gestalten. Die Versionsverwaltung ermöglicht es, zu einer vorherigen Version zurückzukehren. Durch die Verwaltung der Inhalte in einer Datenbank werden gewünschte Inhalte auf Abruf publiziert. Die Verwaltung, Bearbeitung sowie Aktualisierung von Inhalten können einer ausgewählten Gruppe von Personen gestattet werden. Den jeweiligen Personen können die Rechte nach deren Kompetenzen vergeben werden, indem sie den entsprechenden Zugriff auf das System erhalten. Durch automatisierte Freigabezyklen findet ein vereinfachtes Handling der erstellten sowie geänderten Inhalte statt. Die Schnittstelle zwischen dem Informationsanbieter und dem Informationsnutzer stellt somit das Content-Management-System dar, das die Anbieterseite in einen technischen und einen redaktionellen Workflow trennt. Den Redakteuren und Technikern wird es somit ermöglicht, nach ihren Kernkompetenzen zu arbeiten.[19]

3.2 Entstehung und Entwicklung

Das CMS stellt eine Weiterentwicklung des DMS seit den späten 1990er Jahren dar. Aus den CMS hat sich das WCMS entwickelt, das zwecks schneller und einfacher Erstellung von Internetseiten entstanden ist, auf Internettechnologien basiert und dessen Ziel es ist, Inhalte strukturiert im Internet, Extranet und Intranet zu publizieren. Die große Anzahl von Internetseiten beinhalten Inhalte, die erstellt und gepflegt werden müssen. Je größer die Internetseiten sind, desto höher ist die Informationsflut auf diesen Seiten, sodass die Verwaltung dieser Inhalte immer schwieriger wird. Die immer anspruchsvoller werdenden Prozesse der Erstellung und Pflege für die Programmierer sowie Redakteure wurde mittels Datenbank-

---

[19] Vgl. Zschau, O. (2003), S. 51ff.

anbindungen, des ersten strategischen Ansatzes zur Entkoppelung des Inhaltes von der HTML-Programmierung, vereinfacht.[20] Somit fand eine Trennung der Inhalte und der Programmierung statt. Ziel war es, den Redakteuren zu ermöglichen, die Inhalte ohne HTML-Kenntnisse zu pflegen.

3.3 Komponenten

In diesem Kapitel werden die wesentlichen Komponenten eines WCMS aufgeführt. Die Komponenten des WCMS können in die drei Bereiche Content Management, Workflowmanagement und weitere Kernkomponenten untergliedert werden, dargestellt in der nachfolgenden Tabelle.

Systemkomponente	Beschreibung
Content Management	
Authoring:	Erstellung der Contentinhalte und Einfügen der extern erstellten Content in die Repository
Repository:	System zur Ablage von Content und Objekten
Versionierung:	Stellt eine Versionsverwaltung dar
Workflowmanagement	
Freigabezyklen:	Workflow zur Regelung der Freigabeberechtigungen
Rechtekonzept:	Rechteverwaltung der Benutzer und Gruppen
Check-in / Check-out:	Verwaltung und Regelung der Schreib- und Leserechte der Nutzer auf ein Content
Weitere Kernkomponenten	
Benutzerverwaltung:	Verwaltung der Nutzer und Nutzergruppen mit deren Rechten
Export-/Import-Schnittstelle:	Importieren und Exportieren von Contentobjekten aus bzw. in andere Systeme
API:	Schnittstelle zur Anbindung von Erweiterungen an das bestehende WCMS

Tabelle 3: WCMS-Komponenten[21]

---

[20] Vgl. Zschau, O. (2003), S. 51; Bächle, M. et al. (2007), S. 32 ff.
[21] In Anlehnung an: Bächler, M. et al. (2007), S. 33 f.

3.4 Aufgaben und Einsatzbereiche

CMS bieten Funktionalitäten für dispositive Aufgaben, z. B. die Planung der Inhalte sowie die Kontrolle der Prozesse. Weitere Aufgaben bilden die operativen Aufgaben wie die Erfassung, Bearbeitung und Publikation von Inhalten. Zu den Aufgaben eines CMS gehören des Weiteren unterstützende Tätigkeiten wie die Systemadministration. Durch den Einsatz von CMS wird das Ziel verfolgt, die Kosten des Content Managements zu senken und gleichzeitig die Qualität der bereitgestellten Inhalte zu erhöhen. Effizienzsteigerung, Kontrollierbarkeit der Bereitstellungsprozesse und Verkürzung von Durchlaufzeiten können zu einer Kostensenkung führen. Inhaltliche und formale Verbesserungen können durch strukturierte und definierte Abläufe sowie die Unterstützung bei der Pflege der Inhalte erreicht werden. Das Speichern von Inhalten, Metadaten sowie Steuerungsinformationen stellt eine weitere wesentliche Aufgabe eines CMS dar. Um ein gleichzeitiges Arbeiten unterschiedlicher Nutzer an demselben Content zu ermöglichen, wird eine Zugriffsverwaltung benötigt, die Inkonsistenzen verhindert. Durch eine Versionsverwaltung, das eine weitere Funktionalität darstellt, kann das bearbeitete Content jederzeit zur ursprünglichen Version zurückgesetzt werden. Die Verwaltung von mehreren Variationen eines Contents ist sinnvoll, wenn der Content z. B. in unterschiedlichen Sprachen abgelegt werden muss.[22] Nachfolgend sind die wesentlichen Merkmale eines WCMS aus Sicht des Content-Providers aufgelistet:[23]

- Zentrale Speicherung der Daten bei dezentraler Pflege

- Verwaltung von Benutzern und Zugangsberechtigungen

- Versionsverwaltung und -kontrolle

- Trennung von Inhalt, Layout und Struktur

- Strukturierung und Verknüpfung von Inhalten

- Bereicherung der Inhalte mit Metadaten

- Content-Syndication

- Workflow-Unterstützung

- Einbindung von Suchwerkzeugen

---

[22] Vgl. Bodendorf, F. (2006), S. 100 f.
[23] Vgl. Koller, A. (2006), S. 374 f.

CMS können in den drei Bereichen der netzbasierenden Kommunikation eingesetzt werden. Diese Bereiche sind Intranet, Extranet und Internet. Mittels des Intranets sind Unternehmen in der Lage, ihrem Personal Neuigkeiten mitzuteilen. Durch das Extranet hingegen kann den Partnern und den eigenen Außendienstmitarbeitern der Zugang auf unternehmensinterne Inhalte ermöglicht werden. Die dritte Möglichkeit der netzbasierten Kommunikation besteht mittels des World Wide Web. Hiermit werden der Öffentlichkeit die Webseiten mit den dazugehörigen Inhalten zur Verfügung gestellt.

Die wesentlichen Vorteile eines CMS sind in erster Linie die Prozessautomatisierung, die Dynamisierung der Inhalte, die Effizienzsteigerung und die bessere Verwaltung der Inhalte. Den jeweiligen Abteilungen wird es mittels CMS ermöglicht, Inhalte direkt in das System einzufügen. Nach Freigabe des Artikels von dem zuständigen Redakteur steht dieser der Zielgruppe direkt im Netz zur Verfügung. Sollten Inhalte nach der Veröffentlichung bearbeitet oder gelöscht werden, so geschieht dies in derselben Schnelligkeit. Statische Internetseiten, die umfangreich sind und womöglich von mehreren Redakteuren verwaltet werden, benötigen sehr viel Aufwand für die Pflege. Hierbei kann es sein, dass veraltete Inhalte vergessen werden oder durch ungenaue Absprachen Fehler entstehen. Durch den Einsatz von CMS kann z. B. die Gültigkeit von Inhalten bereits bei deren Erstellung eingeschränkt werden. Auch die Zusammenführung von Inhalten aus unterschiedlichen Quellen ist ohne elektronische Unterstützung nicht realisierbar. Die Begleitung von Inhalten von der Erstellung bis zum Ende ihrer Lebensdauer wird durch CMS ermöglicht, indem definierte Prozesse durchlaufen werden müssen, bevor der Inhalt veröffentlicht werden kann. Dies ermöglicht es den Unternehmen, qualitative Inhalte zu erstellen und diese den entsprechenden Zielgruppen bereitzustellen.[24]

---

[24] Vgl. Friedrich, H. J. (2006), S. 7 f.

4 WCMS für kleine und mittelständische Unternehmen

4.1 Open-Source-Anwendungen

Open Source hat keine eindeutige Definition und wird in der IT als Oberbegriff dafür genutzt, dass der Quellcode einer Software frei zugänglich ist. Bei der genaueren Definition findet eine Unterscheidung bei der Zugänglichkeit des Quellcodes statt. Software, deren Quellcode frei verfügbar ist, jedoch nicht modifiziert werden darf, wird genauso als Open-Source-Anwendung bezeichnet wie Software, deren Quellcode frei verfügbar ist und modifiziert sowie weitergegeben werden kann. Aus Sicht der Anbieter von Open-Source-Anwendungen stellt die Zurverfügungstellung des Quellcodes die Möglichkeit dar, die Software zu verbessern, indem die Nutzer den Quellcode optimieren und ihn der Gemeinschaft wieder zur Verfügung stellen. Ein eng verwandter Begriff, der häufig mit Open Source verwechselt wird, ist Free Software. Hierbei ist der Quellcode für den Nutzer nicht verfügbar, aber die Nutzung der Software kostenfrei. Open Source ist in zweierlei Hinsicht für die Implementierung und Anwendung von WCMS interessant. Es gibt keine oder keine hohen Lizenzkosten und die Software kann beliebig angepasst werden. Für die meisten Unternehmen spielt die Anpassungsfähigkeit von Open-Source-Anwendungen eine wesentliche Rolle. Nachfolgend werden zwei ausgewählte Open-Source-WCMS vorgestellt.[25]

4.1.1 Plone

Plone ist ein mächtiges WCMS, das auf dem Zope Application Server basiert. Diesem wiederum liegt die Programmiersprache Python zugrunde. Plone hat somit einige Funktionen von Zope übernommen und baut auf ein umfassendes Fundament auf. Neben einer Versionsverwaltung und einer Bearbeitungshistorie bietet es ein Undo für alle Elemente an. Des Weiteren stellt Plone Funktionen wie die übergreifende Suche, Templates, ACLs zur Berechtigungsverwaltung, Workflow-Unterstützung, Import und Export sowie die Definition von Gültigkeitszeiträumen für jedes Element bereit. Dem Anwender stehen verschiedene WYSIWYG-Editoren sowie die Möglichkeit der Einbindung und Erstellung von RSS-Inhalten zur Verfügung. Zur Verwaltung können HTML, FTP und WebDAV genutzt werden. Die Austauschbarkeit von Metadaten wird durch die Einhaltung des Dublin Core ermöglicht. Für die Speicherung von Daten nutzt Plone die Zope-Datenbank. Es ist

---

[25] Vgl. Hüttenegger, G. (2006), S. 4 f.

jedoch auch möglich, Daten von einer Oracle-, MS-SQL-Server-, MySQL-, PostgerSQL- sowie von InterBase-Datenbanken einzubinden. Jedoch können auch alle ODBC-kompatiblen Datenbanken eingebunden werden. Die Authentifizierung kann mit verschiedenen Mitteln wie zum Beispiel SQL oder MS Active Directory erfolgen. Die Verwendung von mehreren Servern ist ebenfalls möglich. Plone bietet den Anwendern viele Funktionalitäten wie die Fotogalerie, Wiki, Foren, ein Chat- & Instant-Messaging-System und viele weitere an. Mittels Zusatzmodulen können eine ganze Reihe zusätzlicher Funktionen implementiert werden. Plone stellt insgesamt eine interessante Alternative zu den auf PHP und Java basierenden WCMS dar. Die Anforderungen der Anwender werden mit einer Fülle von Funktionen abgedeckt und es stehen für darüber hinausgehende Aspekte eine Reihe von Firmen und Entwicklern zur Verfügung.[26]

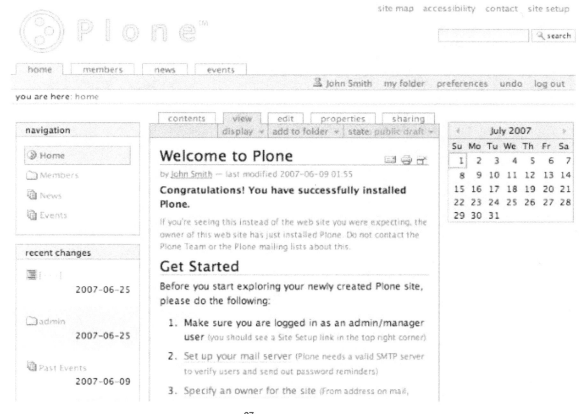

Abbildung 2: Plone-Startseite nach Log-in[27]

[26] Vgl. Hüttenegger, G. (2006), S. 4 f.
[27] Quelle: Entnommen aus: www.plone.org, Stand: 20.02.2010

4.1.2 Typo3

Typo3 ist ein PHP-basiertes WCMS, das sehr beliebt ist und immer wieder positiv bewertet wird. Der Fokus bei Typo3 ist die Anwendung als reines CMS und nicht als allgemeine Basis. Die Kernentwickler von Typo3 haben sich auf das Design des Frameworks konzentriert, während die Zusatzfunktionen des Systems separat von den Autoren und Entwicklern entwickelt und als Extensions zur Verfügung gestellt werden. Von den Entwicklern wurde auf die Wiederverwendbarkeit der Komponenten viel Wert gelegt. Typo3 beinhaltet unter anderem die Funktionen Workflow, Statistiken, WYSIWYG-Editoren, Dateimanagement, Voransicht, kontextsensitive Hilfe, Gültigkeitszeiträume, Versionsmanagement, Newsletter sowie ein Mailmodul. Die Unterstützung einer Volltextsuche in Word- sowie PDF-Dateien und ein Wizard zur Erstellung von E-Mail-Formularen stellen eine weitere Funktionalität dar. Des Weiteren ist das Importieren von verschiedenen Dokumententypen wie beispielsweise die von MS Word, MS Excel, OpenOffice sowie PDF auch bei Typo3 möglich. Dieses WCMS fokussiert sich mit seinen Erweiterungen auf den reinen CMS-Aspekt. Aufgrund der hohen Leistungsumfang und der Flexibilität, die über die allgemeinen Aufgaben eines WCMS hinausgeht, wird Typo3 als Framework, Entwicklungsplattform und Software-Plattform bezeichnet.[28]

Abbildung 3: Typo3 in Aktion[29]

---

[28] Vgl. Hüttenegger, G. (2006), S. 46; Lammenett, E. et al. (2007), S. 13.
[29] Quelle: Entnommen aus: http://www.jung-newmedia.de/bilder/cms-aktion.jpg, Stand: 20.02.2010

4.2 Betriebliche Erfordernisse

In Bezug auf Open-Source-Anwendungen gibt es gegenüber konventioneller Software eine Reihe von Unterschieden, die zur Unsicherheit potenzieller Anwender führen. Für die potenziellen Anwender bedeutet dies, dass vor einer Auswahl von Open-Source-Anwendungen auf einige wesentliche Eigenschaften geachtet werden muss.[30] Nachfolgend werden einige der wichtigsten Aspekte beschrieben.

4.2.1 Installation

Bei der Auswahl eines WCMS sind die Hardware- und Systemvoraussetzungen der jeweiligen WCMS zu berücksichtigen. Sowohl der zeitliche Aufwand als auch die Migrationsfähigkeit spielt hierbei eine wesentliche Rolle. Hierbei ist zu berücksichtigen, ob ein eigener Server existiert, auf dem man das WCMS installieren kann, oder ein Web-Provider genutzt werden soll. Genauso ist zu überdenken, wie weit die Installation von der Standardinstallation abweichen soll und welche Funktionalitäten erforderlich sind. Einige Anwendungen haben einen sogenannten Installer, mittels dessen die Installation ohne spezifische Kenntnisse des Anwenders möglich ist.

4.2.2 Konfiguration

Während und nach einer Installation muss das WCMS oftmals den Anforderungen entsprechend konfiguriert werden. Bereits bei der Installation findet wegen der Auswahl und Eingabe der Einstellungen eine Konfiguration des Systems statt. Konfiguration bezeichnet hierbei alle Anpassungen, die getätigt werden sollten, um ein funktionales System dem Endanwender bereitzustellen zu können. Somit ist schon vor einer Installation festzustellen, welche Konfigurationen getätigt werden müssen.

4.2.3 Administration

Die Administration von Webseiten mittels WCMS stellt eine komfortable und redaktionelle Bearbeitung von Webinhalten sowie die Verwaltung von Medien in den Vordergrund. Ohne eine entsprechende Administration der Webinhalte kann dies zu Unübersichtlichkeit führen.[31] Hierbei ist die Administration nicht nur auf den

[30] Vgl. Hüttenegger, G. (2006), S. 40 f.
[31] Vgl. Dreyer, R. (2004),S. 195.

Content, sondern auch auf die Funktionalitäten und Erweiterungen eines WCMS zu beziehen. Denn nur mittels eines funktionalen WCMS können die gewünschten Webinhalte professionell gestaltet und veröffentlicht werden. Es ist somit wichtig zu identifizieren, ob für die Administration des WCMS das erforderliche Know-how innerhalb des Unternehmens vorhanden ist.

4.2.4 Dokumentation

Bei der Auswahl eines WCMS sollte darauf geachtet werden, ob eine gut strukturierte und verständliche Dokumentation in der gewünschten Sprache vorhanden ist. Dies vereinfacht die Einarbeitung der Anwender und gibt Hilfestellung bei den täglichen Arbeiten der Nutzer.

4.2.5 Unterstützung und Support

Die Unterstützung sowie der Support bei Open-Source-Anwendung sind wie bei konventionellen Anwendungen auch von unterschiedlicher Qualität. Oftmals gibt es aktive Communitys sowie bemühte Entwickler, die sich mit der Software auskennen und die Anwender aktiv unterstützen. Dies ist jedoch nicht bei jeder Open-Source-Anwendung der Fall. In vielen Fällen gibt es nur wenige Personen, die über das notwendige Know-how verfügen. Es wird in diesen Fällen oft versucht, die Kosten der Entwicklung durch kostenpflichtigen Support abzudecken. Dies bedeutet für die Nutzer, dass für die Unterstützung von Open-Source-Anwendungen Kosten entstehen können. Hierbei hat der Nutzer jedoch die Möglichkeit, den besten und preisgünstigsten Dienstleister zu beauftragen.[32]

4.2.6 Fehlende Weiterentwicklung

Die fehlende Weiterentwicklung und Wartung von Open-Source-Anwendungen spricht gegen deren Einsatz. Jedoch existiert dieses Risiko auch bei kommerziellen Anwendungen, bei denen es womöglich noch dramatischer sein kann, weil kein Dritter existiert, der einspringen kann, und der Quellcode nicht für den Nutzer zur Verfügung steht. Um dieses Risiko so klein wie möglich zu halten, sollte eine breit eingesetzte Lösung gewählt werden. Somit ist gesichert, dass auch in Zukunft eine Software bei Problemen von anderer Seite weitergeführt wird. Dies gilt jedoch genauso für kommerzielle Anwendungen.[33]

---

[32] Vgl. Hüttenegger, G. (2006), S. 5 f.
[33] Vgl. Hüttenegger, G. (2006), S. 6.

4.3 Entscheidungsgrundlagen

Abhängig von der Größe eines Unternehmens ist oft schon zu erkennen, ob eine Systemlösung bereits im Einsatz ist. Denn je größer ein Unternehmen ist, desto wahrscheinlicher ist es, dass eine Systemlandschaft existiert. Es gib jedoch noch genügend Unternehmen, die kein oder kein passendes System im Einsatz haben. Die Unternehmen, die kein System einsetzen, haben es gegenüber den Unternehmen, die bereits eine Systemlandschaft besitzen, viel einfacher. Denn sie müssen sich nicht um die Integration und Übernahme der bestehenden Systeminfrastruktur und Daten kümmern. Die Frage, die sich Unternehmen bei bereits existierenden Systemen stellen sollten, ist, ob die Weiterführung dieses Systems sinnvoller erscheint als die Einführung eines Open Source WCMS. Des Weiteren ist zu berücksichtigen, ob eine Einbindung des Open-Source-WCMS in das bereits bestehende System möglich und sinnvoll ist. Die Planung und Implementierung einer neuen Lösung kann oftmals viel einfacher bewältigt werden als der Versuch der Integration in die bereits bestehende Systemlandschaft. Neben den funktionalen und technischen Gründen gibt es die finanzielle Komponente, die ebenfalls betrachtet werden muss. Hierbei muss berücksichtigt werden, wie hoch die Kosten für das bislang aktive System sind und wie hoch diese für die Implementierung einer Open-Source-Anwendung sein werden, denn die Kosten für die Integration einer neuen Lösung beginnen bereits mit der Planung. Genauso spielen die Größe des Unternehmens und die zur Verfügung stehenden Mitarbeitern eine wesentliche Rolle bei der Entscheidungsfindung. Denn die Erfahrungen der Mitarbeiter und das Know-how können die bei der Planung und Implementierung entstehenden Kosten senken. Auch die Möglichkeit der Weiternutzung von bestehender Hardware muss überdacht werden. Bei der Auswahl eines WCMS sind wie bereits erwähnt die vielfältigen Erweiterungsmodule zu berücksichtigen. Hierzu muss zuvor identifiziert werden, für welche Anwendungsgebiete man eine Lösung benötigt.[34] Die nachfolgende Auflistung beinhaltet die grobe Einteilung der möglichen Anwendungsgebiete eines CMS, die als Entscheidungsgrundlage genutzt werden können:[35]

- **Core-CMS-Funktionen**

  Editieren von Texten mit einem WYSIWYG-Editor; dabei Unterstützung durch Workflows und ein Versionssystem; oft auch Metadaten, Gültigkeitszeiträume

---

[34] Vgl. Hüttenegger, G. (2006), S. 119 ff.
[35] Vgl. Hüttenegger, G. (2006), S. 126.

und Templates

- **Erweiterte CMS-Funktionen**

  Artikelsystem; Anbieten und Verwalten von Dateien; häufig Unterstützung von Events; zum Teil Links, Kommentare eventuell mit Moderation, Formulargeneratoren etc.

- **Personalisierung**

  Personenspezifische Angebote; die Möglichkeit einer individuellen Anpassung (meist des Look & Feel) durch Zugriffskontrollen

- **Weitere Informationen**

  FAQs, Fotogalerien, Adressbuch, Blogs

- **Strukturierte Kommunikation**

  Forumsfunktionalität, Issue Tracker, Umfragen, Newsletter

- **Unstrukturierte Kommunikation**

  Chat, Instant Messaging, Webmail beziehungsweise Zugriff auf E-Mail-Infrastruktur, Mailinglisten

- **Zusammenarbeit**

  Bug Tracking, Wikis, Kalenderfunktionalität

- **Projektunterstützung**

  Projektverwaltung, Benachrichtigungen etc.

Durch die Auflistung der Anwendungsgebiete und den möglichen Zusatzfunktionen eines CMS wird die Notwendigkeit eines klar identifizierten Zieles gekennzeichnet, das Zug um Zug realisiert werden muss. Genauso ist es notwendig, eine fachliche und technische Strategie zu definieren. Hierbei muss auch die Zukunftssicherheit der ausgewählten Plattform berücksichtigt werden. Auch auf eine zukünftige Ablösung oder eine weitergehende Integration sollte gedacht werden. Zusammenfassend stellt sich die Frage, welche Gründe für und welche gegen den Einsatz eines OpenSource WCMS sprechen. Weiter muss identifiziert werden, welches System für welchen Zweck am besten geeignet ist. Genauso ist darauf zu achten, welches Know-how unternehmensintern notwendig ist, um selbst Erweiterungen und Anpassungen an dem WCMS zu tätigen. Des Weiteren sind bei der Entscheidungsfindung die Personen einzubeziehen, die sich mit den aktuellen Arbeitsabläufen auskennen. Auf die zukünftige Einbindung von Modulen an das

System sowie die Arbeitsabläufe ist Wert zu legen.[36] Die nachfolgende Darstellung zeigt den Prozess der Entscheidungsfindung.

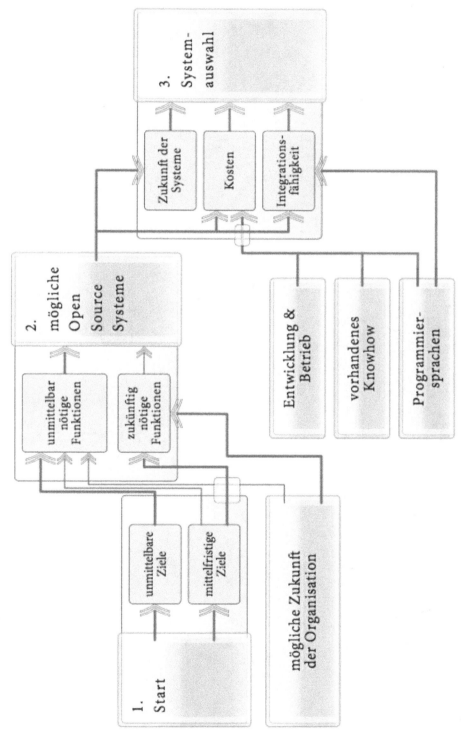

Abbildung 4: Entscheidungsbaum[37]

[36] Vgl. Hüttenegger, G. (2006), S. 126-148.
[37] Quelle: Entnommen aus: Hüttenegger, G. (2006), S. 146.

4.4 Durchführung einer Nutzwertanalyse

Die Nutzwertanalyse dient zunächst der subjektiven Einschätzung der relativen Bedeutung der Zielkriterien. Anschließend findet eine Bewertung der Zielerreichung der jeweiligen Handlungsalternative für das entsprechende Zielkriterium statt. Die Durchführung einer Nutzwertanalyse geschieht in fünf Schritten. Im ersten Schritt werden die Zielkriterien des WCMS bestimmt, welche die einzelnen Elemente des Zielsystems eines Unternehmens bilden. Die Zielkriterien dienen als Bewertungs-grundlage und müssen eine Messskala besitzen, um die Erreichung des Kriteriums bestimmen zu können. Im Anschluss folgt die Gewichtung dieser Zielkriterien. Die Gewichtung unterliegt den subjektiven Einschätzungen des Unternehmens und kann somit sehr unterschiedlich ausfallen. Sinnvoll ist die Gewichtung durch den Entscheidungsträger. Im nächsten Schritt wird der Teilnutzen bestimmt. Dieser entspricht dem Nutzen einer Handlungsalternative für ein Zielkriterium. Danach wird der Nutzwert ermittelt und als letzten Schritt folgt die Beurteilung der absoluten und relativen Vorteilhaftigkeit.[38]

Zur Definition der Zielkriterien sind zuvor die gewünschten Funktionalitäten zu identifizieren. Diese Funktionen können in drei Anforderungsarten untergliedert werden. Die erste Anforderungsart sollte die Funktionen beinhalten, die bei einem WCMS gegeben sein müssen und erforderlich sind. Die zweite Anforderungsart sollte Funktionen beinhalten, die vorhanden sein sollten oder durch Erweiterungen zu ermöglichen sind. Die dritte Kategorie sollte Anforderungen aufweisen, die wünschenswerte Funktionalitäten eines WCMS darstellen, jedoch nicht zwingend entscheidungsrelevant sind. Dementsprechend kann eine Gewichtung der Zielkriterien erfolgen.

Eine detaillierte Gegenüberstellung der beiden WCMS befindet sich in Anhang A. Nachfolgend wird eine Nutzwertanalyse für die beiden WCMS Plone und Typo3 durchgeführt. Die in der ersten Spalte eingetragenen Kriterien sind bereits im vorangegangenen Kapitel beschrieben worden. Die Gewichtung dieser Zielkriterien ist vom Autor definiert und kann, wie bereits erwähnt, nach den Anforderungen des jeweiligen Entscheidungsträgers und des Unternehmens variieren.

---

[38] Vgl. Huch, B. et al. (2004), S. 147 ff.

Kriterien	Gewichtung	Plone		Typo3	
		Erfüllung	Nutzwert	Erfüllung	Nutzwert
Core-CMS-Funktionen	20	5	100	4	80
Erweiterte CMS-Funktionen	20	4	80	4	80
Personalisierung	10	4	40	3	30
Weitere Informationen	5	4	20	3	15
Strukturierte Kommunikation	10	4	40	4	40
Unstrukturierte Kommunikation	10	3	30	2	20
Zusammenarbeit	10	3	30	3	30
Projektunterstützung	15	4	60	3	45
Total	100%		400		340

Punktevergabe für die Erfüllung der Kriterien: 1, 2, 3, 4, 5
(5 stellt die vollständige Erfüllung des Kriteriums dar)

Tabelle 4: Nutzwertanalyse

Die in der Nutzwertanalyse miteinander verglichenen WCMS Plone und Typo3 erfüllen beide die geforderten Kriterien gleichermaßen. Das WCMS Plone überragt jedoch mit seinen Funktionalitäten und hat, wie in der Nutzwertanalyse zu erkennen, einen höheren Nutzwert erreicht. Jedoch stellt sich die Frage, ob dieses WCMS für kleine und mittelständische Unternehmen geeignet ist. Plone ist mit seiner Vielzahl an Funktionalitäten und den technischen Anforderungen für große Unternehmen geeignet. Somit ist abzuwägen, ob die Anwendung von Plone in kleinen bis mittelständischen Unternehmen ebenfalls sinnvoll erscheint. Für diese Unternehmen empfiehlt sich daher die Alternative Typo3.

5 Fazit

Bei der Vielzahl von Open-Source-WCMS stellt sich nicht nur die Frage, welches die Anforderungen des Unternehmens jetzt und in Zukunft erfüllt, sondern auch welches WCMS auch in Zukunft dem Unternehmen durch Weiterentwicklungen zur Verfügung stehen wird.

Für Unternehmen sollte es wichtig sein, eine ganzheitliche Lösung zu finden und nicht nur die rein wirtschaftliche und technische Alternative zu wählen. Die Betrachtung der Lösungen anderer Organisationen ist ebenfalls eine Möglichkeit, um sich zu orientieren. Mittels der Erfahrungen dieser Organisationen lassen sich oftmals Fehler von vornherein eliminieren. Des Weiteren steht eine Menge von Beratungsunternehmen mit ihren Erfahrungen zur Verfügung.

Die Einführung eines neuen Systems ist immer mit hohen Kosten verbunden. Diese entstehen nicht nur durch den Erwerb eines Systems, sondern schon bei der Planung und Analyse bis hin zur späteren Implementierung. Auch für die Schulung der Anwender braucht es Zeit, wodurch ebenfalls Kosten entstehen. Für kleine und mittelständische Unternehmen ist somit abzuwägen, ob die Investition in ein neues WCMS mit ihrem Nutzen lohnenswert ist.

Allgemein kann jedoch gesagt werden, dass Unternehmen sich hinsichtlich ihrer mittel- und langfristigen Zukunft und Ziele Gedanken machen müssen. Dies gilt nicht nur für die Zukunft des Unternehmens, sondern auch für die des infrage kommenden WCMS. Dies stellt den Ausgangspunkt für weitere Überlegungen wie zum Beispiel hinsichtlich der Auswahl der geeigneten Programmiersprache sowie Systeme und deren Erweiterungsmöglichkeiten dar. Nach Auswahl eines Open-Source-WCMS ist es wichtig, die Umsetzung professionell durchzuführen. Hierzu ist die Einbindung des fachlichen Personals von vornherein sehr wichtig, um eine hohe Effizienz mittels des fachlichen Hintergrundwissens und der Erfahrungen zu schaffen.

Literaturverzeichnis

Bächle, M., Kolb, A. (2007): Einführung in Wirtschaftsinformatik, München 2007

Bodendorf, F. (2006): Daten- und Wissensmanagement, 2. Aufl., Heidelberg 2006

Dreyer, R. Kretzschmar, O. (2004): Medien-Datenbank- und Medien-Logistik-Systeme, München 2004

Friedrich, H. J. (2006): Content Management mit Plone, Heidelberg 2006

Gentsch, P. (2006): Personalisierung der Kundenbeziehung im Internet – Methoden und Technologien, in: Hippner, H., Merzenich, M., Wilde, K. D. (Hrsg.), Handbuch Web Mining im Marketing, Braunschweig 2002, S. 267-310

Gersdorf, R. (2002): Potentiale des Content-Managements, in: Wirtschaftsinformatik, 44. Jg., Nr. 1, 2002, S. 75-78

Gersdorf, R. (2003): Content Management für die flexible Informationswiederverwendung, in: Maass, W. (Hrsg.), Stahl, F. (Hrsg.), Content Management Handbuch, 1. Teil, St. Gallen 2003, S. 60-75

Huch, B., Behme, W., Ohlendorf, T. (2004): Rechnungswesenorientiertes Controlling, 4. Aufl., Heidelberg 2004

Hüttenegger, G. (2006): Open Source Knowledge Management, Heidelberg 2006

Koller, A. (2006): Web Content und Content Management Systeme: Ohne Struktur kein Semantic Web!, in: Blumauer, A. (Hrsg.), Pellegrini, T., Semantic Web Wege zur vernetzten Wissensgesellschaft 2006, S. 373-386

Koop, H. J., Jäckel, K. K., van Offern, A. L. (Hrsg.) (2001): Erfolgsfaktor Content Management – Vom Web Content bis zum Knowledge Management, Wiesbaden 2001

Lammenett, E., Koch, S., von Studnitz, A., Vasilkevich, T. (2007): TYPO3 Online-Marketing-Guide, Wiesbaden 2007

Lotze, T., Theune, C. (2005): Content-Management mit Plone, Köthen 2005

Maass, W. (Hrsg.), Stahl, F. (Hrsg.) (2003): Content Management als Teil des Kommunikations-Management, in: Maass, W. (Hrsg.), Stahl, F. (Hrsg.), Content Management Handbuch, 1. Teil, St. Gallen 2003, S. 35-47

Nix, M., Handke, G., Kampffmeyer, U., Krüger, D., Wechner, M., Zschau, O. (2005): Web Content Management: CMS verstehen und auswählen, Frankfurt 2005

Schuster, E., Wilhelm, S. (2001): Content Management Systeme: Auswahlstrategien, Architekturen und Produkte, 6. Aufl., Düsseldorf 2001

Zschau, O. (2003): Web Content Management Systeme – Eine Einführung, in: Maass, W. (Hrsg.), Stahl, F. (Hrsg.), Content Management Handbuch, 1. Teil, St. Gallen 2003, S. 50-57

Internetquellen

O.A. (o. J.): URL: http://www.plone.de, Abruf am 20.02.2010.

O.A. (o. J.): Das Content Management System TYPO3 in Aktion. URL:

http://www.jung-newmedia.de/bilder/cms-aktion.jpg, Abruf am 20.02.2010.

O.A. (o. J.): Comparison. URL: http://www.cmsmatrix.org, Abruf am 19.02.2010.

Anhang A: Gegenüberstellung von Plone und Typo3

Die nachfolgende Gegenüberstellung der bereits vorgestellten Open-Source-Anwendungen soll einen Überblick über die jeweiligen Funktionalitäten verschaffen.

	Plone 3.0	Typo3 4.2.9
Letzter Update	08.09.2007	14.10.2009
Systemanforderungen		
Application Server	Zope	Apache
Preis	Frei	Frei
Datenbank	Sonstige	MySQL
Operating System	plattformunabhängig	plattformunabhängig
Programmiersprache	Python	PHP
Root Access	Nein	Nein
Shell Access	Ja	Nein
Web Server	Apache	Apache
Sicherheit		
Audit Trail	Ja	Ja
Captcha	Freie Add On	Freie Add On
Content Approval	Ja	Ja
Email Verification	Ja	Ja
Granular Privileges	Ja	Ja
Kerberos Authentication	Freie Add On	Freie Add On
LDAP Authentication	Ja	Freie Add On
Login History	Freie Add On	Ja
NIS Authentication	Freie Add On	Freie Add On
NTLM Authentication	Freie Add On	Freie Add On
Pluggable Authentication	Ja	Freie Add On
Problem Notification	Freie Add On	Ja
Sandbox	Ja	Ja
Session Management	Freie Add On	Ja
SMB Authentication	Freie Add On	Freie Add On
SSL Compatible	Ja	Ja
SSL Logins	Freie Add On	Ja
SSL Pages	Nein	Freie Add On
Versionierung	Ja	Ja
Support		
Certification Program	Nein	Ja
Code Skeletons	Ja	Freie Add On
Commercial Manuals	Ja	Ja
Commercial Support	Ja	Ja

Commercial Training	Ja	Ja
Developer Community	Ja	Ja
Online Help	Ja	Ja
Pluggable API	Ja	Ja
Professional Hosting	Ja	Ja
Professional Services	Ja	Ja
Public Forum	Ja	Ja
Public Mailing List	Ja	Ja
Test Framework	Ja	Freie Add On
Third-Party Developers	Ja	Ja
Users Conference	Ja	Ja
Benutzerfreundlichkeit		
Drag-N-Drop Content	Ja	Freie Add On
Email To Discussion	Freie Add On	Freie Add On
Friendly URLs	Ja	Ja
Image Resizing	Ja	Ja
Macro Language	Ja	Ja
Mass Upload	Ja	Freie Add On
Prototyping	Ja	Freie Add On
Server Page Language	Ja	Ja
Site Setup Wizard	Nein	Freie Add On
Spell Checker	Freie Add On	Ja
Style Wizard	Freie Add On	Ja
Subscriptions	Ja	Freie Add On
Template Language	Ja	Ja
UI Levels	Ja	Ja
Undo	Ja	Ja
WYSIWYG Editor	Ja	Ja
Zip Archives	Freie Add On	Freie Add On
Performance		
Advanced Caching	Ja	Ja
Database Replication	Ja	Freie Add On
Load Balancing	Ja	Ja
Page Caching	Ja	Ja
Static Content Export	Freie Add On	Freie Add On
Management		
Advertising Management	Freie Add On	Freie Add On
Asset Management	Ja	Ja
Clipboard	Ja	Ja
Content Scheduling	Ja	Ja
Content Staging	Freie Add On	Freie Add On

Inline Administration	Ja	Ja
Online Administration	Ja	Ja
Package Deployment	Ja	Ja
Sub-sites / Roots	Ja	Ja
Themes / Skins	Ja	Ja
Trash	Freie Add On	Freie Add On
Web Statistics	Freie Add On	Freie Add On
Web-based Style/Template Management	Ja	Ja
Web-based Translation Management	Ja	Ja
Workflow Engine	Ja	Limited
Interoperabilität		
Content Syndication (RSS)	Ja	Ja
FTP Support	Ja	Ja
iCal	Freie Add On	Freie Add On
UTF-8 Support	Ja	Ja
WAI Compliant	Ja	Freie Add On
WebDAV Support	Ja	Freie Add On
XHTML Compliant	Ja	Ja
Flexibilität		
CGI-mode Support	Ja	Ja
Content Reuse	Ja	Ja
Extensible User Profiles	Ja	Freie Add On
Interface Localization	Ja	Ja
Metadata	Ja	Ja
Multi-lingual Content	Ja	Ja
Multi-lingual Content Integration	Ja	Ja
Multi-Site Deployment	Ja	Ja
URL Rewriting	Ja	Ja
Einbindungen in die Applikation		
Blog	Ja	Freie Add On
Chat	Freie Add On	Freie Add On
Classifieds	Freie Add On	Freie Add On
Contact Management	Freie Add On	Freie Add On
Data Entry	Freie Add On	Freie Add On
Database Reports	Ja	Freie Add On
Discussion / Forum	Freie Add On	Freie Add On
Document Management	Ja	Freie Add On
Events Calendar	Ja	Freie Add On
Events Management	Ja	Freie Add On
Expense Reports	Freie Add On	Freie Add On
FAQ Management	Freie Add On	Freie Add On

File Distribution	Ja	Freie Add On
Graphs and Charts	Freie Add On	Freie Add On
Groupware	Freie Add On	Freie Add On
Guest Book	Freie Add On	Freie Add On
Help Desk / Bug Reporting	Freie Add On	Freie Add On
HTTP Proxy	Freie Add On	Freie Add On
In/Out Board	Freie Add On	Nein
Job Postings	Freie Add On	Freie Add On
Link Management	Ja	Freie Add On
Mail Form	Freie Add On	Ja
Matrix	Nein	Freie Add On
My Page / Dashboard	Ja	Freie Add On
Newsletter	Freie Add On	Ja
Photo Gallery	Ja	Freie Add On
Polls	Freie Add On	Freie Add On
Product Management	Ja	Freie Add On
Project Tracking	Freie Add On	Freie Add On
Search Engine	Ja	Ja
Site Map	Ja	Ja
Stock Quotes	Freie Add On	Freie Add On
Surveys	Freie Add On	Freie Add On
Syndicated Content (RSS)	Ja	Freie Add On
Tests / Quizzes	Freie Add On	Freie Add On
Time Tracking	Freie Add On	Freie Add On
User Contributions	Ja	Ja
Weather	Freie Add On	Freie Add On
Web Services Front End	Nein	Freie Add On
Wiki	Freie Add On	Freie Add On
Commerce		
Affiliate Tracking	Nein	Freie Add On
Inventory Management	Freie Add On	Freie Add On
Pluggable Payments	Freie Add On	Freie Add On
Pluggable Shipping	Freie Add On	Freie Add On
Pluggable Tax	Freie Add On	Freie Add On
Point of Sale	Freie Add On	Nein
Shopping Cart	Freie Add On	Freie Add On
Subscriptions	Freie Add On	Nein
Wish Lists	Nein	Freie Add On

Tabelle 5: Gegenüberstellung der WCMS Plone und Typo3[39]

---

[39] In Anlehnung an: www.cmsmatrix.org, Stand: 19.02.2010